COLLECTION HENRI BOUCHEREZ (3e Partie)

Vente du Vendredi 16 Mai 1913

HOTEL DROUOT, SALLE N° 7

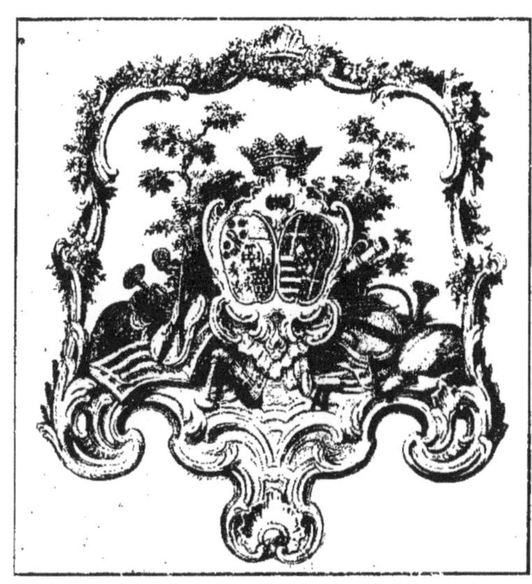

N° 34 du catalogue

EX-LIBRIS

ARMOIRIES

Commissaire-Priseur :
Me Georges ALBINET
83, Rue Taitbout

Expert :
M. Léo DELTEIL
38, Rue de Châteaudun

CHARLES BRANDE
IMPRIMEUR
23, Rue de l'Église
LE VÉSINET

EX-LIBRIS

ARMOIRIES

CONDITIONS DE LA VENTE

Elle sera faite au comptant.

Les adjudicataires paieront *dix pour cent* en sus des enchères.

M. Léo Delteil remplira les commissions que voudront bien lui confier MM. les Amateurs ne pouvant y assister.

MM. les Amateurs pourront visiter la collection, du *Samedi 10 au Jeudi 15 Mai 1913*, **38, rue de Châteaudun.**

COLLECTION HENRI BOUCHEREZ (3e partie)

CATALOGUE

D'EX-LIBRIS

ANCIENS & MODERNES

FRANÇAIS & ÉTRANGERS

ARMOIRIES

Dont la Vente aura lieu : A PARIS, HOTEL DROUOT, SALLE N° 7

LE VENDREDI 16 MAI 1913

à 2 heures précises

Par le Ministère de Me GEORGES ALBINET, Commissaire-Priseur

83, Rue Taitbout

Assisté de M. LÉO DELTEIL

Marchand d'Estampes-Expert

38, Rue de Châteaudun, 38. -- PARIS

DÉSIGNATION

1. Abbaye de N. D. d'Issoudun. — Deux pièces différentes, *gravée par J.-B. Scotin.*

2. Archambault. (Ex. libris D.-D. d'). *Gravé par A. Sergent, 1778.* Deux épreuves, dont *1 avant toute lettre*, à toutes marges.

3. Aymon de Salvaing, Seigr de Boissieu, surnommé le Chevallier Hardy, 1505. In-fol.

4. Bardin (Joannes), Presbyter. In-4.

5. Barnier (Ex. Musæo Philippi Emanuelis). In-4.

6. Beringhen (de). Superbe pièce *gravée par Sébastien Le Clerc.* Très rare.

7. Bibl. de l'abbaye de Gomerfontaine, ordre de Cisteaux, au vicariat de Pontoise. — *Invenit et perficit. Gravé par Jean Jean.* — Deux pièces.

8. Bibliothèque de l'Hôpital S. Juste des Religieux de la Charité d'Ebreuil, 1776. *Branche fe.*

9. Bibliothèque de l'Ordre Royal, Militaire et Hospitalier du Saint-Sépulcre en Jérusalem.

10. Bibliothèque de la 21e demi-brigade légère.

11. Bibliothèque de Me la Dauphine, no 1 (Marie-Antoinette). Belle épreuve *rognée.*

12. Ex-libris Francisci Pauli Royalle domini Du Boisgiloust in magno Régis Consilio Senatoris. In-4.

13. Bouzey (Abbé de), *gravé par Nicole à Nancy, 1750.* In-4.

14. Brallet (Joan-Fran.). *Gravé par Jos. Gamot.*

15. Bras de Fer (Louis). In-12.

16. Chapitre de Noyon, *gravé par Oudoux*. Jolie et curieuse pièce in-4.

17. Ex-libris Dom. de Charton. — Ex-lib. D. de Gabillon. — Deux pièces.

18. Armand Chevallier. In-4 en larg.

19. Chicoyneau de la La Valette. Gravé par *Paul Tubert.* In-4.

20. Choart de Bezenval. Ovale ; à toutes marges.

21. Dangeau (Ce Livre appartient à Monsieur l'abbé de).

22. De Loinville, *Michel fecit, 1727.* — Au Ch. de Roquefeuil. — Anonyme. *Nonot fec.* — Trois pièces.

23. De Marsan (Ex-libris Seren. Principis) a Lotharingia. In-4.

24. De Musset-Depatay (Ex-libris Victoris et Ludovicae).

25. Desplancq (Ex-libris Rev. D. Ant. Jos.).

26. Dhemard (Bibl. de M.), gentilhomme ord^re de la Chambre de Mgr Comte d'Artois.

27. Ex Bibl. Claudii D'Ordelu, 1745. *Gravé par Nicole à Nancy.* – Bernardi Alex. Xav. du Conte. — Deux pièces.

28. Du Puy du Fou. Gravé par *Jean Picart.* Très belle épreuve d'un des plus grands ex-libris connus.

29. Durazzo (Comte). Belle pièce *attribuée à Choffard.* Très belle épreuve.

30. D'Yse de Salléon. 2 pièces différentes, in-4 obl.

31. Frizon de Blamont (Nic. Remy), Président au Parlement. — Quatre pièces différentes, dont 1 in-4 (3 datées de 1694 et 1704).

32. Elisabeth (Bibliothèque de Madame). *Gravé par Dezauche.*

33. G.-J. de Froment, Bon de Castille, 1789, lieut du Roi de la Province de Languedoc. — Messire Claude Dorat, Cher Seigr de Chameulles. — Deux pièces.

34. Fuligny-Damas. Gravé par Cl. Roy. Deux variantes, dont 1 in-4.

35. Grignon (De la Bibl. de Mr). Gravé par De la Gardette.

36. Gueulette (Ex-libris Thomae) et amicorum. *Gravé par Bellanger.*

37. Huquier. (Ex-libris J.-G.). *J.-G. Huquier fecit.*

38. Ex Museo Jobard du Mesnil. — Mr Bertheaume. *I. Toustain, f.* — Joan. Francisci Geneve. — Trois pièces.

39. M. Lambert de Villejust, *gravé par Brenet.*

40. Le Fevre (Robertus), in Arte Scribendi Magister, 1697.

41. Le Jay (Ex-libris Guydonis Michaelis). In-4. *Colorié.*

42. Magon de Terlaye. *Gravé par Durig.*

43. Martini (Nicolaus), consil. et elemos. reg. Canon. et archid. de Marsallo, offic. et vicari. generalis. *Gravé par B. Le Clerc.* In-4.

44. George, M^quis de Massol de Serville, Lieut-Colonel de Cavalerie. *Durand. exc.*

45. Menin (Nicolaus), 1740. In-4.

46. Montboissier, v^te de Canilliac. — L'abbé de Montille, cons^r au Parlement de Dijon. — Cav. Lud. Alex. de Beauffort. *Lemaire. scup.* — Trois pièces.

47. Moufle de Champigny. Gravée par *P.-F. Tardieu.* Curieuse pièce avec vue de ville au bas.

47 *bis.* Mathieu de Moulon, avocat au Parlement de Metz. *Dess. par Charles ; gravé par Noble Houat.* In-fol., à toutes marges. *De la plus grande rareté.*

48. Musée de Bordeaux. *Gravé par Fallière.*

49. Putte (Vicomte de), de Bruxelles. Superbe armoirie, signée : *F^ois Eisen delineavit, N. Heylbrouck sculpsit.*

50. Rachel (*Tout ou rien*). *Rare.*

51. Richelieu (Maréchal de). Gravé par Stagnon. In-4.

52. Robert de la Fortelle. Gravé par *Briol*, in-4.

53. Saint-Antoine de Rouen. In-4.

54. Seignette des Marais, Doctor medicus. — P.-J. Ricquet, medicus. — Deux pièces.

55. Souchay, de Lyon. Gravé par *Choffart*, d'après *Monnet*. Superbe épreuve à l'état d'eau-forte pure, à toutes marges.

56. Thioller (Claude), frère mineur d'un couvent de Chambéry. Curieuse pièce manuscrite enluminée datée de 1582.

57. Vaslin de Breaux, en Orléanais. Jolie pièce in-4 en largeur.

58. Anonyme. Armoiries accolées. In-4. Belle épreuve.

59. Anonyme. Gravé par *J. D. Belleau* (à Rouen). Très rare.

60. Anonyme. Gravé sur bois, 17e s.

61. Anonyme. Jolie pièce du 17me siècle, in-4.

62. Anonyme. Gravé par J. Beaudeau. Rare.

63. Anonyme. Belle pièce du XVIIe s.

64. Anonyme. Armoiries écartelées. Signée : *R. Dupuy F. 1688*. In-4.

65. Anonyme. Devise : *De benedictione mele*. In-4.

66. Anonymes. Quatre jolies pièces. In-4.

67. Anonymes. — Six pièces.

68. J. Lud. Andrillard, in Senatu Parisiensi Patronus, *par E. Stallin*. — Le Chr de Verges, ofir de Champagne. — Ex-libris Vregilles. — Adormus de Tscharner. — Mr de Vauville. — Anonyme. — Six pièces.

69. Aquense Seminarium. — Me Julien, avocat. — Andr. Alex. Normandeau. — Mr le Cte de Gallifet. — Bibl. del Rey N. Senor. — P.-A. Deprès. — de Casteele, prést au Parlt de Flandres. — De Laus de Boissy. — Franc. Grognard. — Fr. Th. Jaume. — Saulot de Bospin. — Sil. Ant. Le Moine. — Ludov. Mongez, etc. — Quatorze pièces.

70. Aquense Seminarium. — Laur. Lud. Mousset, 177. — F. Pigeau. — Mis de Juigné. — D'Allemans. — Comitis Delisle. — de Ponsainpierre, Dñi du Peron. — De la Chapelle, *Nonot, fec*. — St Germain, Marq, d'Aligny. — Clr Dampoigné. — Anonymes. — Douze pièces.

71. D.-D. d'Archambault. *Gravé par Sergent,1778*. — Vte de Bourbon-Busset. *Gravé par Mme Jourdan, 1788*. — Cl. Nassé, pastor Balzeacus. *Jonueaux f*. — Mr le Président Gallois. *Gravé par Nicole, à Nancy, 1763*. — Mr de Lorme. *E. Stallin f*. — Denis de Riacourt. *Thibault, f*. — Laumonier. *A. Docaigne fecit 1762*. Dumont de Valdajou, chirugien. *Gravé par R. Brichet*. —Ant. Jacq. Patu. *A.-J. Patu, fecit*. — etc. — Douze pièces.

72. D'Argenson (Biblioteca Domini). — Des Casaux. — de Saint-Maurice. — J.-J.-F. Godard, 1761. — Cotelle de Grand Maison. — J.-J. Philippe Dudouët. — Ex-lib. D. Dumoustier. — Archiconfrat. Doctrinæ Christianæ Urbis. — Poncet de la Grave. — Mich. Brisseau, medic. doct. — Anonyme. — Onze pièces.

73. Jean Aymerel de Gazeau. — Ex-libris Conte. — M. Adr. Fr. Langlois de Louvres, 1731. — A.-J. Chopard. — Joan Gibert. — M. H. de Camelin. — M^{r} le Ch^{er} Busquet, etc. — Dix pièces.

74. A.-D. Baizé. — Bibl. Boeniana. — D.-D. de Bregette. — A. Thiballier, B. Mariæ Magdalenæ Virdunensis Canonicus. — Anonymes. — *Implebumtur Odore.* — Huit pièces.

75. Marci Josephi Bally, prœpositi ecclesiæ Collegiatæ seu Capellæ Regiæ S^{ti} Andreæ Gratianop.— Mouton-Fontenille, Academiæ Lugdunensis. — Antonii Mariane Carcassi, anno 17. — D.-D. Waucquier. — Ch^{r} de la Haie, roi d'armes de France. — Antonii Bergiron. — Pet. Vernier. — Ameline de Quincy. — Armes Martin, ing^{r} g^{al} des Mines du Mont d'Or. Henry Favre. — De Joinville. — Phil. de Cougniour. Mr de Villarceaux, — Anonyme. — Quatorze pièces.

76. L.-B. Barbier. — J.-J. de la Salle. — Chappron. — Mr de Serpes. — *Dum spiro spero.* — *Impavidum ferient ruinæ*, etc. — Dix pièces.

77. De Belissen, équitis. — Ch^{r} de Chaumont-Dejean, Cap^{ne} d'inf. et ingénieur. — De la Bibl. de M. Delisle. — Ricquet, médecin. — Emm. Barberot d'Autel. — Godefroy, P^{reur} au Parlem^{t}. — Anonymes. — Neuf pièces.

78. Joann. Bapti. Berna l'abbé. — Charles de Bachi. Mis d'Aubais, *par G. Scotin.* — L'abbé de Pennamprat, *par Descarnets.* — M^{de} la C^{sse} de Mellet, *par Louise La Doulceur, d'après Bouchardon.* — M^{de} d'Arconville, *par L^{se} La Doulceur, d'après Eisen.* — Bibl. S. S. E. P., *par Strange, d'ap. Eisen.* — Lud. des

Champs des Tournelles, *par Moreau.* — Mascrany, *par J.-B. Scotin.* — A l'Hospital Comtesse, 1753, *par Mesché.* — L. Cl. Daguin, *par F. Pilsen. 2 variantes*, etc. Douze pièces.

79. Bibl. Cœnob. St-Michael. – Franc. Ign. Dunod, in Acad. Bisuntina antecessor regius. — *Sic Pietas ad Sidera Tolit.* — Anonymes. — Dix pièces.

80. Bibl. Majoris Carmeli lugduni, 1770. — J.-E. de Payan. — M.-F. Huguenin Dumitand. *Gravé par M. Thevenard.* — Du Cluseau de Chabreuil. — A.-J. Chopard presbiteri. — N. Sevrey, avocat. -- Le Mis de St-Maurice. — De Languilliers. — Mr Terray, maître des requêtes, 1772. — Anonymes. — Douze pièces.

81. Bidé de Chézac. — Ex. bibl. M. Ant. Oudinet. Antiquarii reg. – Teod. Pagez et amicis. — Comitis de Chavagnac. — Quatre pièces.

82. G.-N. Billard de Charenton. — De Madre. — Teod. Pagez et amicis. — Hespel de Flencques. — de Madre du Locron. — *Sic Personat virtus.* — Six pièces.

83. Boileux. *Malbeste, fecit.* — Libert de Beaumont, *par J. Derond.* — Perrot. *Gravé par Glomy.* — Mr Riston. *Gravé par Collin.* — De Bailleul. *Campion fecit.* — J.-J. A. Lemulier. *Gravé par Durand.* – Devilliers Delaberge, 1766 *Poletnich fecit.* — M^de^ d'Arconville. *Gravé par L^se^ Le Doulceur, d'après Eisen*, etc. – Douze pièces.

84. M. l'abbé Bouhier de la Davière. — De Bury — Beaurain. — François Marie de Tulle. *Michel fecit.* — Bochart de Saron. — Guillielmi Pitra, 1742. — Anonyme. — Sept pièces.

85. L'abbé de Bourzac. — Le Guay. — Bruslard de Genlis. *Colorié.* — Roland de Challerange. — Ex bibl. domini Contrastin de Cablan. — N. Hoüé. *C. M. M. f.* — A nido devota Tonanti. — Soli salus servire Deo. *Colorié*, etc. — Dix pièces.

86. Mis de Brosse-Montendre. — D. Auda de Montolieu. — Caroli Guenin — de Brienne. — Anonymes. — Sept pièces

87. Franc. Dionysius Camusat, Vesuntinus 1727. — A l'Hospital Comtesse, 1753. *Merché, fecit.* — Bovis. — Fr. Ronssin. — Catherine d'Erlach. — *Et vox et purpura terrent.* — Anonyme. — Sept pièces.

88. Lud. Camusat, 1708. — Du Chambge, s^{on} d'Elbheco, 1757. — Cl. Doral de Chameulles, *gravé par Fouquet.* — Nicolai Dogny, *gravé par J. Collin.* — M. l'abbé Bouhier de la Davière. — Jo. Henr. Burckhard, *gravé par Scolin, 1715.* — Anonyme. — Sept pièces.

89. La Charité de Grenoble. *Lançon à Nanci, fecit* — J. A.-M. Arnaud, doct. med. Monsp. *Du Palluël. scup^t.* — Ramadier. — Nic. L. Tournay. — Anonymes. — Sept pièces.

90. J.-F. Charles, presb. doct. Theo. Canonici Lingonensis Prioris de Fouchecour. — J.-J. Melizet. — M. Fougeroux de Bondaroy. *Cruz f.* — Mr de Filhot, cons^r au Parlement de Bord^x. *Palliere f.* — Lombard, etc. — Huit pièces

91. Ex-libris Dom. de Charton. — Joan. Car. Ledesma de St-Elix. — Ex-libris fratrum Besuchet, sacerdotum vesontionensium. — Nic. Paschalis Marcol, adv. — l'abbé Beurard, chanoine de l'Eglise de Toul. — J.-C. Ledesma. — Six pièces.

92. Mr Choart, Prést de la Cour des Aydes. — Franç. Mich. Petit de Marivals. — J.-Fr. Palisot, Chr Seigr de Beauvois, etc. — Mr Saussaye. — Mr Hanecart à Douay. — F. L. Waldner de Freundstein. — Hug. Franc. Verchere. — Godefroy, etc. — Treize pièces.

93. J.-A. Choderlos. — Bochard de Saron. — Bibliotheca Bœniana. — B. Cahuac, lud. & antecessor duaci. — Moises Maria Gauthier. - Marie-Henriette Achard de Joumard de Legé, Csse de Bourzac. — Hug. de Bassville. — Narbonne. — Mich. de Rioult d'Estouy, abbatis Beatiæ Mariæ de Morimonte, 1736. — Le Roi de Petitval. — Fauvard de Rancé, etc. — Quatorze pièces.

94. Coqueley de Chaussepierre. — A. Thiballier, B. Mariæ Magdalenæ Virdunensis canonicus. — M. de Casteele, Prést au Parlt de Flandres. — Bertin. — Mr de Rosset de St-Quentin. — Duchambge Bon d'Elbhecq ; 1757 — De Gay de Marnoz. — La Live d'Epinay le fils. — Cl. Franc. Millet — De Thyard, etc. — Quinze pièces.

95. Cottin d'Espinay, *par Guillaume.* — Mr D'Hyenville, *par Monet,* — J.-J.-A. Lemulier, *par Durand.* — A. Lequien filii, *par Derond.* — D.-G.-D. Loinville, *par Michel.* — Nlai Le Boucher, *par Décaché.* — Petrus Bulteau de Préville Miles, *par P. Giffart. 2 variantes.* — *Miscuit utile dulci, par J. Gosset,* etc. — Seize pièces.

96. De Bauclas. — Soufflot de Magny à Auxerre. — A.-J.-L. Charpentier. — J.-B. Trudon de Roissy. — Michaël De Lacour. — P.-N. Le Prince. — Pierre Legaré. — M. de La Courbasleroy, etc. — Douze pièces.

97. De Bussy, *par Choffard, 1759, (épidermée)*. — M^de^ d'Arconville, *par Louise Le Doulceur, d'après Eisen*. — Lud. Des Champs des Tournelles, *par Moreau*. — J.-G.-R. Boscheron, *par Berthault, 1777*. — F.-N.-E. Droz, *par Micaud*. — **Mr Bertheaume**, *par Toustain*. Manet, trésorier de France, *par J.-B. Carpentier*, etc. — Douze pièces.

98. De Bussy. *Gravé par Choffard, 1759*. — **F. de La** Rochefoucault. *A. de St-Aubin, inv*. — **Jac. Ant.** Dechanrenault. *Gravé par L. Monnier* — **R. Jarry**. *Brenet f*. — Michault, *Dess. et gravé par lui-même, 1783*. — M^de^ d'Arconville. *Gravé par Louise Le Doulceur, d'ap. Eisen*, etc. — Douze pièces.

99. De Fauconpret de Thulus, *par Helman*. — Joan. Petri Ludov. de Podio, 1750, *par Roy*. — Emm. Barberot d'Autel, *par Guillot*. — Jac. Ant. Dechanrenault, *par Monnier*. — de Fréval, *par Dubey*. — J-J.-A. Lemulier, *par Durand*, etc. — Douze pièces.

100. D^u^ Hamel de Grand Rullecourt. *Nonot fecit*. — Le Maire de Marne, *2 pièces différentes*. — Gautier d'Arc. — J.-J. Faulte, prévot du Chapitre Royal de S. Martial de Limoges. — Anonyme. *Gravé par Delafosse*. Six pièces.

101. De la Court, Canonici Ambiani. — D. Steph. Mathey parochi Sc^ti^ Gorgonii. — Louis Armand de Caulaincourt. — J.-A.-T. Chambon de Contagnet. *Du Palluël f^t^*. — G.-J. Humbert. — Mr Bochart, chanoine. — Six pièces.

102. P.-A. Déprés Doctor et Antecessor Duaci. — Desprez de Roche, *par Lordonné à Dôle*. — R. Favart, pbri. doct. Theol. Can. Eccles. Rem. — Jos. Tauxier Patr. 1716. — *Virtus omnia in se habet*. — Anonymes. — Sept pièces.

103. Franc. Deslyons Fontenelle, Baro de Deslyons. — Salvator Le Vacher, præsbiter. — Pet. Arcelin, Matisconensis Med. Facult. Monsp et Parisiensis. — Mr Macquart de Terline. *Merché f.* — *Pro patria.* — Anonymes. — Huit pièces.

104. Mr l'abbé Desmarestz. *Gravé par Chevalier.* — Dom. Maria Varlet, episcopus Babyloniensis. — J. Fr. Pennet de Chaumartin. — Vigor de Briois d'Hulluch, abbé de St Vaast. *Gravé par Merché, à Lille.* — Joa. Lud. Ainard de Clermont Tonnere. *Monel, sculp.* — Ex-libris Domûs Duacenæ Canonicorum Regularium ordinis S.-S. Trinitatis Redemptorium Captivorum. — Fr. Tristanus de Cambon. *Gravé par J. Mercadier.* — Bibl. Abbatiæ St Agni, ord. Præmonst. Dioece so Virdun., 1727. — I.-F. Corel Du Clos, etc. — Quinze pièces.

105. Caroli Desmarquets. *Bourgeois fecit.* — Mr Cotelle de Grandmaison. — de Pontchartrain. — Mr de Manscourt. — Ex-lib. D.-A. G. Retif. — Montmorency. — Mr Ph. Despont. — J.-B.-E. Camus de Pontcarré de Viermes. — Pelée de Varennes, etc. — Treize pièces.

106. Franc. Dezoteux. — Max Hemart. — Mich. De Lacour. — Dom. Pet. Ern. Car. Lud. Gillaboz. — de Trivio. — De Ramsault. — Pauli Plantard de Flibeaucourt, etc. — Quatorze pièces.

107. Chr d'Enfrenel. — J.-B.-E. Camus de Pontcarré de Viermes. — Société du Quai d'Erdre, maison Guesdon, 1811. — Joa. Geoffroy. — Mr de Rumare. — Chamillard de la Suze, écartellé de Rochechouart. — Jacobi de Janson. *Gravé par Vallet.* — Lemoyne de Bellisle, etc. — Dix pièces.

108. André Felibien, escuyer, sieur des Avaux... 1650 et 1669. *2 variantes.* — Chassebras. — De Ste Marie, M. d'Anvers. — J. Ducasse. — Mr Raparlier. — Mis de la Valette — Odile. — Gautier. — Cte de Chavagnac. — Joan. M. Remilhe, etc. — Dix-huit pièces.

109. Mr de Filhot, cons^{r} au Parlement de Bord^{x}. *Pullière f.* — Anonymes. — Sept pièces.

110. Ang. de Foresta. — Theod. Pagez et Amicis. — Lud. de Sausin, in sup. Cur. Parl. Delph. Senatoris. — Roland Du Jardin, S^{r} des Roches. — Mr de Robethon. — Lud. Theroulde, etc. — Treize pièces.

111. Nic. Jos. Foucault. — Mr Carpentier, conseiller du Roy — de Camilly. — Mr de Robethon. — F.-A. De Soreau, Ch^{ne} de St Drey. — Marie Detoulle. — De Belot Villette. — J. A. Le Mercier. — N.-P. de Besset de la Chapelle Milon, etc. — Seize pièces.

112. Emit. Joan. Lud. Foyelle. *Vallet f., 1721.* — Le Comte de Montmorency Luxembourg. — Aug. Fr. Annibalis de Farcy de Cuillé. — Anonyme. *Seb. Le Clerc, f.* — Quatre pièces.

113. Taneg. Gale. — Franc. Coppette. — Nicole, Con^{er}. — Ph. du Douet. — Nobil. Franc Deschamps, 1746 et 1747. — Dogilvie. — Reding d'Attis, etc. — Quatorze pièces.

114. I.-B. Gastaldy. D. Med. *Veyrier fecit 1752.* — Anne Paul de Fontenay. *E. Stallin f. 1751.* — Langhetée de Ghyvelde Hove. *J.-B. Carpentier fecit.* — L'abbé Leblanc. *Dess. par Cochin ; gravé par Gallimard.* — Jo. Henr. Burckhard, *gravé par G. Scotin*, 1715. — Froment. *Danchin f. à Cambray.* — A l'Hospital

Comtesse, 1753. *Merché fecit.* — B^on des Bordes. *Gravé par F^me Mangein.* — Le Cte de Ste Aldegonde. *Gravé par Helman,* 1771, etc. — Douze pièces.

115. Glandeves Niozelles. — Bourgeois de Boyne. — L'abbé Comte de Lescoët, comte de Lyon. — M^r le Baron d'Andrée. — C.-H. Henrion. *Gravé par Cl. Roy.* — Silva, maître des requêtes ; *2 pièces différentes.* — Mr Corbet, architecte et inspecteur des bâtimens de la Ville de Paris. — Pihan de la Forest. — Nic. Jos. de Paris, episcopi aurelianensis, 1733. — Anonymes. — Treize pièces.

116. J.-L. Gourgas. — Ponchel. — P. A. Déprés, doctor et antecessor Duaci. — M. Taverne de Burgault, *gravé par Merché, 1771.* — Lemaire Demarne. — Mme la Présidente de Rosanbo. — Goujon. — Fr. Marie de Mascrany. — De Preaux. — de Fréminville. — M. Mathieu, président. — M. de Gourgue, etc. — Quinze pièces.

117. Joan. Guillou. — Ex-libris domus S^ti Antonii Rothomagensis. — Matth. Franc. Geoffroy, *Pharmacien.* — De Rochemore. — Nic. Robillard, 1724, — Mr Laumonier. — J. Lud. Loir. — Joan. Petri de Villeneuve. — De Conty Hargicourt. — Mr Philipon, trésorier de France au comté de Bourgogne. — Du Liège. — De Madre, etc. — Quatorze pièces.

118. Fr.-Ig.-Jos. Hoffmann. — M^al Mis de Bièvre. — de Glandèves. — Godard. — Adr. Dincourt. — D. De Superville. — Petr. Alex. Bidar. — Lanau. — Steph. Bayle. — Granian de la Croix, etc. — Quatorze pièces.

119. Charles d'Hozier. — Hadriani de Valois Dom. de la Mare. — P^ce^ L.-C. de Rohan. — Caroli Hugony. — de Boutaudon. — Demeherenc. — D. Decaquelon. — B.-J. Macors. *Non flore sed fructu.* — *Armis literis que.* — *A Dieu seul je m'arcste*, etc. — Vingt pièces.

120. Alex. Humbelot, domini de Villiers. — Ch^r^ de Galliffet. — *A nido devota tonanti.* — *Virtus omnia in se habet.* — *Humanus ut fortis.* — Anonymes. — Sept pièces.

121. Cl. L.-B. Jacquemin. *Gravé par J.-C. François, 1739, d'après C. Charles.* — J.-A. Rigoley de Juvigny. — Ludov. Camusat, 1708. — Le Comte de Thorigny, 1711. — Franc. Ign. Dunod, in Acad. Bisuntina Antecessor regius. — P.-J. Brouchier Minimi. — Anonyme. — Sept pièces.

122. de Joubert. — Felicis de la Sauvagère. — Demarbeuf, episcopus Eduensis. — Sus Regimine Reverendiss. Domini Martini Abbatis, 17.. — Bourlet de Vauxcelles. — Cl. Boisot. — De Preaux. — *Obice major virtus omni, etc.* — Dix pièces.

123. Mr Lambert de Villejust. *Brenet f.* — Adr. Fr. Langlois de Louvres. *Villers f.* — Ex libris Annemundi Charrel. *Grave par L. Joubert.* — L'Abbé de Gricourt, 1750. — M.-F. Huguenin Dumitand. *Gravé par M. Thevenard.* — A. Cleenewerck de Crayencour. *Gravé par Helman, 1768.* — Jean Armand Tronchin. *Gravé par Choffard, 1779.* — C. de Brosses. *Gravé par Aveline.* — J.-B. Rivière. *Gravé par Messager*, etc. — Douze pièces.

124. Langlois de Fleurigny. — De Romanet, de Rosay. — Vergennes. — Rivault de Champfleury. — Le Vte de Galliffet. — Ghesquiere Destradin. — I.-F. de Hartmanis. — Citoyen Delorme, à Epinal, an 5. — Bibl. des Notaires de Paris. — D. de Randon. — Rob. Petr. Rossignol, senat. Rhotom. — Anonyme. — Douze pièces.

125. Mr le Chr de la Nouë de Vair. *Guillaume f.* — Fr. — Dionysius Camusat Vesuntinus, 1727. — Catherniol. — Vigil et Audax. — Anonymes, gravés par J. Michel Avenione, 1730, Le Blond, 1785, etc. — Huit pièces.

126. Claude-Charle de la Rue, prestre du diocèse d'Amiens. — D. Joannis Francisci Bouquet. — Abraham Aug. Malaval. — Aloys, Com. de La Rosée, 1769. — Joannès-à-Cruce Lavigne, sacerdos Pictaviensis. — D.-J. Thevenin de Tanlay. — Lombard (*Provence*). — Sept pièces.

127. De Laus de Boissy. — Le Pdent Henault. — M. Saulot de Bospin. — Coqueley de Chaussepierre. — T. G. Lucas, Doct. Sorb. et Can. Roth. — D'Argenson. — Ex liber ser. Principis Cenoman. — ducis Biblioth. Coll. Aug. fundatoris an. 1729. — de Gambais. — Mgr Pellot, per Presnt du Parlnt de Normandie. — M. de Bourcet, cons. au parlt de Grenoble, etc. — Douze pièces.

128. Petri de la Vieuxville. — D. Lud. du Temps, Bellovacensis Canonici Remensis. — Dieu et mon Busseul. — J. Fr. Pennet de Chaumartin. — de Longueil. — De Romanet, de Rasay. — Six pièces.

129. Lud. de Maneval. *C. M. fecit.* — J.-Fr. Palisot, Chr Seigr de Beauvois; *2 épreuves, dont 1 imp. en ocre jaune.* - Quarré d'Aligny. — Fr. Xav. Du Crest, Burgundi 17.. — L.-F. du Chemin, Cher Seigr de la Tour. *2 variantes.* — J.-D. Vandermeulen, curé de St-Martin à Bergues St-W. *J. B. C. fecit.*, etc. — Douze pièces.

130. Mr de Merlet, maréchal de Camp. — Comitis de Nozières. — J. Bulteau, Conser au Parlement. *Gravé par P. Giffart.* — Ant. Juillet. — Anonymes. — Huit pièces.

131. Doct. de Merveilleux. — l'Abbé Fromageot, prieur commendataire, seigneur de Goudargues. Ussel. — *A nido devota tonanti.* — *Et vox et purpura terrent.* — Herambourg, 1777. — Anonyme. — Six pièces.

132. Mignot de Montigny. *3 variantes, gravées par Louise Le Doulceur.* — P. Bulteau de Preville Miles. *2 variantes, gravées par Giffart.* — Cottin d'Espinay, *par Guillaume.* — Villez, 1770. — Emm. Barberot d'Autel, *par Guillot.* — Le Roux, *par Charlotte Nonot.* — Cam. H. Henrion, *par Cl. Roy.* — P. Juvénal Gallois, Chr Seigr de Belleville, *par Branche*, etc. — Douze pièces.

133. Mignot de Montigny, *3 variantes gravées par Louise Le Doulceur.* — Le Président Gallois. *Gravé par Nicolle, à Nancy, 1763.* — Devilliers Delaberge, *par Poletnich, 1766.* — J.-Fr. Brallet, *par Jos. Gamot.* — Mde d'Arconville, *par Louise Le Doulceur, d'après Eisen.* — Mr de Montigny, *par Louise Le Doulceur.* — Joan. Petri Lud. de Podio, 1750, *par Roy*, etc. — Douze pièces.

134. Ex. Museo Mionnet. — de Tournes, *dess. et gravé par G. Geissier.* — J. Amb. Choderlos. — C.-M. Maurisset — de Boutaudon. — Emonin l'aîné. — D. Dumoustier de Canchy. — Sept pièces.

135. M. Morin, avocat à Meaux. — Chrestin, rectoris Nosocomii Lugdunensis. — Mr de Celon. — J.-F.-J. Dumont — De la Bibl. des Bons Livres, instituée pour les jeunes gens par M. Donnet, 1824. — Le Ch^r de Théville. — Nic. Rosé de Champavert. — Ghesquier de Limbreck. — Mr Cambacéres fils. — C. Coste de Champéron. — Anonymes. — Douze pièces.

136. Andreæ Ollivier. *Gravé par Chalmandrier.* — Joa. Geoffroy. — M^r le Mis de Saisseval. *Gravé par Traileur, 1772.* — M^r le Vte de Toustain. *Gravé par Ollivault.* — Ant. Lud. Tellus, 1760. — M^r Le Roy, Cons^er et procureur du Roy du Bailliage et siège présidial de Rouen. *Jacques. fecit à Rouen,* etc. — Dix pièces.

137. J. de Panat, episcopus Evriensis. *Gravé par Veissière.* — Car. Aug. Le Quien de la Neufville. — Joan. Hermant, presbyteri et pastoris Sancti Petri de Maltot. — Th. Horcholle. — Fr. Tristamus de Cambon. *Gravé par J. Mercadier; 2 variantes.* — Josephi Tholosan Presbiteri Albaniensis. — Joan. de la Valete. — P. Daniel Huet, 1692 et 1694, 2 *variantes.* — L. Ant. Seonin de S. Maximin, etc. — Dix-sept pièces.

138. Patornay du Pied, senat. 1695. — Daudet, receveur. — B. I. I. Florisone, 1759. *Thibaut f^t.* — Le Ch. de Mandajors, off. au Rég. d'Haynault. — Ex Bibl. Domini Devaulx. — Anonyme. — Six pièces.

139. Henr. Petit, equitis & doct. med. Suessionæi. — D. Favart d'Herbigny, ingenior regis. — *Fideliter et Alacriter*. — Archiconfraternitas S^{mi} Corporis Xpi et quinque Plagarum. — *Dirupisti domine vincula mea*. etc. — Neuf pièces.

140. Johan Thomas Pfaffenzeller. — Anne-Marie Vernier de Morteau. — Jean Nicolas Pasquay. — *Durat cum sanguine virtus avorum invito funere vivent*. — *Magis ac magis*. — Anonyme. — Six pièces.

141. M. Poan de St-Simon, trésorier payeur des gages du Grand Conseil. — Ex-libris Laraby. — Marie-Henriette Achard de Joumard de Legé, C^{sse} de Bourzac. — de Cadenet. — Anonymes. — Sept pièces.

142. Ludov. de Puget, Patricus Lugdunensis, 1709. — Jacobi Mariæ Dutour-Vulliard. — Ex. Bibl. Costeana. *Houat fe*. — L.-E. Bigot, *3 variantes*, etc. — Quatorze pièces.

143. Reding d'Athis — A.-J.-B. Goislard. — De Romanet, de Rosay. — De Belissen, equitis. — Mr Laumonier — Cinq pièces.

144 De Rochemore. — Billioud des Rives. — Riston. — Fr. Marie de Mascrany. — G. de Visme. — Honoratus de Quinqueran de Beaujeu. — Lamberti Claudii Dugad, *lugduni*. — J.-J.-F. Godard, 1761. — Franç. Dezoteux. — In hoc signo vinces. V. *Pezaut f*. — Dix pièces.

145. Sim-Rob. Roger, advocati. — A. de Ste Marie. M. d'Anvers. — M^{r} le Président de Savuion. — J.-Lud. Andrillard in Senatu Parisiensi Patronus, *par E. Stallin*. — Ex-muses hon. Philip. advocati aquensis. — L. Alex. de Cambon. *J. Mercadier fe*. — Anonyme. — Sept pièces.

146. Mr Roland de Challerange. — Simonis Roberti Roger advocati. — Fr. Deslyons Fontenelle, baro de Deslyons, etc. — Bibl. hudeline de Rocrolle, etc. Six pièces.

147. Mdme Roland de Challerange. — D. Auda de Montolière. — Le Prince de Beaufond. — Fleur. — De La Chappelle. — Math. ant. Al. Allaire — J.-C. Ledesma. — P.-T. Dugas. — J.-A. Mongez. — Mr de Rumare. — Le Leu d'Aubigny, etc. — Seize pièces.

148. Madame Rondé, Galerie du Louvre. — L'Abbé Bouhier de la Davière. — Augustini Damyens. — Mr le Chr de Cossé. — Querhoent, offr de la Marine, 1777. — Anonymes. — Sept pièces.

149. Duc de St-Aignan. — Bibl. de Mr Théodore. — Anonymes. — Cinq pièces.

150. Sainct Pry. — Abbaye de Sturtzelbron. — De la Bibl. de Mr Le Pelletier — Rob. Tanneguidonis Belier Saitiferi D.-D. de Vandelle Sagii. — *Virtutis invidia Comes.* — *In hoc Signo vinces.* — Six pièces.

151. A. Savary. *Thibault. fecit.* — J. de Panat, episcopus Evriensis. *Gravé par Veissière.* — Desmilleville. — Dr de Trefforest. — M. Caire, avocat. — Fr. Vestier decani Peronensis, 1680. — Six pièces.

152. J. F. de Sobry. *Barrière fecit.* — D. Margue. — Alex. de Saumery, évêque de Rieux. — Mr le Comte de Chasteauroux. — de Sept-Fontaines. — Nic.-Jos. Foucault. — A. F.-A. Boula de Nanteuil, 1777. — Anonymes. — Dix pièces.

153. H G. Thibault, equitis. — Regiæ Academiæ Rupellensi. — D. D. de Gay de Marnoz. — Granian de la Croix. — Fr.-M. Petit de Marivats. — Theod. Fagez. — Six pièces.

154. Claud de Vassy, Mis de Pirou. *I. Toustain, inv.* — F.-N.-E. Droz. *Micaud fec.* — Joan. Mariæ Vernisii. *Doyen f.* — G. Bernard de Rieux. *Gravé par Huquier.* — Anonymes, *gravées par F. Pilsen, Coquardon, Michel*, etc. — Douze pièces.

155. Petri Vernier. — J.-B. Martin. — Hôpital de Lyon. — Petri Andrault. *Delabre f[t].* — Jean Bourqueney du grand Crosey, marchand. — Lud. Théroulde. — Lautour Montfort. — An. Jeanjean. — F.-I. Dionis, abbé de Cuissi, etc. — Dix huit pièces.

156. Lud. Dom. Vincent. — Jos. Steph. Estival, Lugdunensis. — M. de Villiers. — J.-B. de Fouquet. — Le Febvre. — Le Potier. — J. Vasse. *Gravé par Jacques.* — Genée Destournelles, Canonicus Meldensis. — *Vinea mea electa*, etc. — Douze pièces.

157. Ch[r] de Bailleul. — Alex. Saverien. — J.-A. Choderlos. — Corel du Clos. — Lecauchois. — St. Guil. Perrichon de Vandeuil. — Copons. — St Germain, Mis d'Aligny. — Berard de Chazelles. — D'Heliand D'Ampoigné, etc. — 37 pièces.

158. Ch. de Baschi, Mis d'Aubais. — J.-B. Delamichodière. — de Nicolay. — Ex. Bibl. publica Collegii Divio Godranii. — P.-A.-M. Lohier. — J. Chavane. — Silva. — de Champcenetz. — de Pontchartrain. — J.-Th. Aubry. — Aubin. — Dubois de Courval. — Cte Damas d'Anlezy. — Nostre-Dame de Bellosanne. — L.-A. Sconin de S Maximin. — Jos. Naupi. — de Fourcy. — Caumartin, etc. — 19 pièces.

159. Bibl. Majoris Carmeli Lugduni, 1769. — Lemoine. — Taleyrand. — de Champcenetz. — de Bourgevin. — Jos. Barré, 1747. — J.-J. Cinier. — Mgr. Pellot. — P.-Fr. Copette.— Cellier. — Gaussen. — J. Chavane. — J.-Th. Aubry, *par Martinet* — Académie Royal de Chirurgie. — Lemoyne de Bellisle. — Aligne. — St Germain, Mis d'Aligny. — Boula de Coulombiers. — Ph. Dudoët, etc. — 49 pièces.

160. De Champcenetz. - Em. Barberot d'Autel. — J.-J. Cinier. — R.-P. Aubert. — d'Allemans. — D. Chapais. - Coste de Champéron. — de Monthiers. -- Le Maire, *par Brenet*. — Lemoine. — Ph. Vonderweit. — Ph. H. Boecleri. — M[de] d'Arconville, *d'après Eisen*. — J.-B. Descamps, *par Le Mire*. — L. Desforges. — J. de Salvert de Mont-Roignon, etc. — 42 pièces.

161 J.-J. Cinier. — Cte Richard de Vesvrotte. — Mascrany, *par Scotin*. — Colas de la Noüe. — D'Allemans. — Bibl. de Chevilly. — de Monthiers. — de Champceneiz. — R. P. Aubert. — de St-Julien. — Costa de Champéron. — Bibl. de la Maison de St-Lazare. - Cellier. — Bullioud, Archid. Senonens. — Sevrey, avocal, etc. — 34 pièces.

162. D. Godefroy. *2 variantes*. — Jacobi Hugonis. — R.-M.-J. Morand. — C. Le Blanc. — Mis de Saisseval. — Cte de Riaucourt. — L'Avocat Marin. — J. Merlet. -- Hautefort de Beringhem. — Gillaboz. — Lalarge d'Eaubonne. — Cl.-E. de Bona. — de Fauconpret de Thulus. — Bibl. Bœniana. — Failly. — Mis de Vrigny. Delignieres de Bommy. — L. de Poilly. — Vte de la Maillardière. — Alex. Pelavi. — Cte de Forcalquier.— Aquense seminarium. — D'Hemery. — J.-B. de Fouquet. — De Chavagnac, etc. — 64 pièces.

163. Joan. Guillou. — Tupigny Cauvry. — de Gambais. — Ant. Juillet. — Thiroux de Gervillier. — J.-B.-H. Bretin. — de Thyard. — Fleur. — Ant. Louis. — Le Mis de Fortia, *par Maurisset.* — D. Roussel. — de Crémeaux, Mis d'Entragues. — Chr de la Cressonnière. — Laus de Boissy. — A.-A. Normandeau. — M.-J. Bally. — Ponchel. — de Thélin. — St. Gaillard. — St. G. Perrichon de Vandeuil. — J.-N. Le Noir. — Fr. Mouchard. — Saunier du Lac, etc. — 62 pièces.

164. Pt Hénault. — de Camelin. — Dhyenville. — L.-P. d'Hozier. — Douglas, Cte de Montreal. — Delepierre de Ligny. — D. Formentin. — de la Chapelle. — Castelain. — Marin. — de Brienne. — N.-P. de Besset. — de Fourqueux. — de la Tournelle. — Barbier Dentre Deux Monts. — C. Neyrat. — Flamen d'Assigny. — Trudon Dutilleul. — Bronod, etc. — 64 pièces.

165. De Henin de Cuvillers. — François de Neufchateau. — Citoyen Lemoine Giraudais. — Le Dru. — Dsse de Courlande. — Le Leu d'Aubilly. — Deleau. — D. Chapais. — Mis de S. Maurice. — B. Pontus, avocat en Parlement de Normandie. — Aguillon. — Chevalier d'Enfrentel. — D. Mignon. — Pigou. — D'Hyenville. — de Gay de Marnoz. — L.-E. Midy. — Caulet d'Hauteville. — Bibl. de Meaux. — Le Prest Hénault. — D. Formentin. — R. Jehannot de Beaumont, *par Allin, 1742*, etc. — 53 pièces.

166. Alex. Humbelot, Sr de Villiers. — Monast. St Petri Montis Majoris secus arel. Congreg. St Mauri. — L.-I. Martin, Avt. — Antoine. — Hier. Beuisire. — De Gondreville. — Piochard de la Brûlerie. — Cte du Parc de Barville. — Ant. Boula de Montgodefroy. — J.-J. Guyot. — Joannis Juliand. — M. Vallou de Bois roger. — de Villarceaux. — Lejosne de Lespierre, etc. — 47 pièces

167. L'Avocat Larguier. — J. Deschamps de S. Amand. — A.-A. Palisot, Cher Seigr d'Incourt. — H. Petit, doct Méd. — Laus de Boissy. — Denis de Riacourt, *par Thibaut*. — Clary de St-Angel. — F. de Bournonuille. — Le Vacher Du Plessis. — Vanderhaghe. — Fajon. — L.-P. Saunier. — Solier. — De Chaulnes. — G. de Glatigny. — J. d'Hailly. — P.-A. Déprés. — Moreau de Coffy. — J. Desmares. — J.-F. Gillet, 1778. — Ant. Pecquet. — Desligneris. — Le Prevost de Basserode. — Le Cte de Montmorency Luxembourg, etc. — 61 pièces.

168 Magne, *par Godard*. — Théodore, *par Lorthior*. — Carvoisin, *par Collin*. — Dhémard. — Bidé de Chezac. — Mongez — De Tralage. — J. Vasse. — de Polier — I. Revel. — Hillaire de Bouschet, Cte de Sourches. — Coqueley de Chaussepierre. — D. Formentin, *par Chollet*. — de Grandcour. — de Fleurieu. — J.-N. Arrachart. — M.-F. Huguenin Dumitand. — Stadnitski. — Harmand, dom. de Montgarny, doct. méd. — Caroli Hugony. — Félix de Waurans. — Maupeou. — C. de Voulgues, etc. — 50 pièces.

169. D.-F.-G. Mareschal. — Delignières de Bommy. — Falquet de Planta. — P.-N. Juteau. — Mis de Vrigny. — de Belissin. — Larcher. — de Montfleury. — Cte de Serans. — Martin de la Bastide — Bon d'Andrée. — Laus de Boissy. — de St-Maurice. — de Convert, *par Gouël*. — Edm. Martin, *par Stallin fils*. — O Donnoghue de Niele. — Chanorier, *par De La Laune*. — Huguenin Dumitand. — Rousseau Delannois. — Chr Dampoigné. — Bibl. des Grands-Carmes de Besançon. — P.-C. Perrot. — de Joubert. — L. Le Coulteux, etc. — 67 pièces.

170. De Rochemore. — A. Félibien, 1656. — M^{de} Du Bu de Longchamps. — de Joubert. — Terray, 1772. — Gallatin. — Titon de Villotran. — P.-C. Perrot. — De Boutemont. — Le Long. — Le Couteulx. — Edm. Martin. — D'Assenoy. — Huguenin Dumitand. — Foache. — Laus de Boissy. — Ant. Duchene. — F.-G. Mareschal. — Cte de Sérans. — Claret Delatournelle. — Lelarge d'Eaubonne. — de Bougainville. — de Feriet. — Bourlier l'aîné, 1750, etc. — 45 pièces.

171. De Romanant. — De Rochemore. — Gallatin. — J.-B. Rap. Corraud. — Lanau. — Tascher. — de Fleurieu. — F. de Chalut. — Cl.-R. Lelong. — J.-L. Gourgas. — F.-X.-E. Droz. — Cte de Saluces. — Sorberio. — B.-J. Macors. — P.-P. Artaud. — S.-R. Roger. — De la Cour Basleroy. — Mis de Ste Croix. — Cte de Bourbon. — Ameline de Quincy. — J.-B. Nicolai d'Aine, *par Le Cor.* — Louis le fils. — J.-B. Descamps, *par N. Le Mire.* — Guymonneau. — D'Allemans. — de Monthiers, etc. — 58 pièces.

172. Phil. de Rymon, 1760. — L.-B. Barbier. — L.-A. Sconin de S. Maximin. — Ex. Bibl. Stæ Mariæ Majoris Mussipontanæ. — Jos. Xaupi. — de Champcenetz. — Emm. Barberot d'Autel. — J.-Th. Aubry. — Gaussen. — Fr.-J.-J. Hoffmann. — Brochant du Breüil. — J.-M. de Catellan. — J.-F. du Resnel. — Cl. Boisot, 1749. — Franç. Perrault, 1764. — J.-F. de La Cropte de Bourzac, etc. — 44 pièces.

173. Saulot de Bospin. — D'Hyenville. — L.-P. d'Hozier, *2 variantes.* — R. Jehannot de Beaumont, *par Allin, 1742.* — A.-F. Floncel. — P. Cochon. — Castellain. — P.-L. de Carbon, *par Baour.* — Tussani Bullier. — Le Febvre. — du Grosriez de Bécour. — Vernimen. — de Camelin. — P. N. Hemey. — Vaucresson de

Cormainville, *par Beaumont, 1743.* — Saulot. — Delepierre de Ligny. — Goujon. — Lud. Vacher, 1768. — Mouton-Fontenille. — Pusignieu. - Gigot d'Orcy. — Manchon, *par Nonot.* — Pichault de la Martinière, etc. — 60 pièces.

174. J.-B. Savoye. — Mgr. de Neles. — Louis de Venne, *par Gosset.* — Le Boucher de Richemont. — J.-J.-M. Cte d'Astorg. — Coquereau. — de Villiers du Terrage. — Fajon. — Solier. — Aquense Seminarium. — de Robethon. — J. Godefroy. — V. Petit. — Bernard, jurisc. — J.-F. Macau. — C. de Brosses. — Mionnet. — Ménage de Mondesir. — E.-N. Le Chevallier. — Riston. — J.-E. Bordier. — J.-M. Remilhe. — C. de Loménie de Brienne, *par Arthaud.* — Mich. Brisseau, Méd. doct. — P.-N. Vingtdeux. — Cte de Monlaur, etc. — 66 pièces.

175. F.-R. Secousse. — De Gay de Marnoz. — C.-H. Henrion, *par Roy.* — J.-B. Le Boiteulx. — De Cuzieu, C^e^ de Cavalerie, au Rég^t^ d'Artois. — Chevalier de Poligny. — Leon. Michon. — Le Doux. — Lavoisier, *par de la Gardelle.* — J.-F. de Payan. — Delaleu, *par F. Montulay, 1754.* — Jacob. Mey. — Josse. — Daymar. — P. d'Hozier. — J.-D. Cochin. — Demasur. — Genée Destournelles, — Morel d'Epeisses. — J.-C. Boitel de Richeville. — P. N. Hemey. — Caulet d Hauteville. — Midy de la Grainerais. — J.-B. de S. Port. — C. de Tilly. — Th. de Bordeu, etc. — 51 pièces.

176. De Surmont de Bersée. — H. Damiel Cottin. — de Ponsainpierre. — Mis de Ste Croix. — de Brienne. — Brochant du Breuil, *par Mathey.* — F.-I. Dunod. — A.-F. Doyen. — de Monthiers. — N.-J. Foucault. — J.-J. Cinier. — M.-J.-B.-N. d'Aine, *par L. Cor.* —

N.-J. Baudelot de Rouvray. — Richard de Ruffey. — J.-D. Descamps, *par Le Mire.* — Franç. Coppelle. — Louis le fils. — de Bourgongne, *par Roy.* — de Gourgue, etc. — 43 pièces.

177. D.-M. Varlet. — Ph. de Rymon. — Cl. Boisot. — A.-J., P^ce^ de Rohan. — Caumartin. — D.-B. Turgot. — Ex-lib. Monast. St Petri Montis majoris secus arel Congreg. St Mauri, 1765. — De Camus de Filain. — J.-L.-A. de Clermont-Tonnerre. — J. Le Normant. — C^al^ Maury. — P.-J.-C. de Rochechouart. — Abbaye de Valloires, *par Mathey.* — F.-T. de Cambon, *par Mercadier.* — M. Lardet. — J.-B. l'Ecuy. — B.-H. de Fourcy. — A.-de Saumery, évêque de Rieux, etc. — 53 pièces.

178. D.-D. Waucquier. — Nic. Robillard, 1724. — De Brienne. — J.-B. de S. Port. — B.-G.-E. Bouillet. — Naville. — J.-F. Jamart. — L.-T.-J. Bonnier. — Saulot de Bospin. — Ex. Bibl. de Meaux. — Chevalier d'Enfrenel. — L.-L. Mousset, 1774. — Sangnier d'Abrancourt, *par L.-D. Tardieu.* — P.-P. Cannac. — Durey de Noinville. — J.-F. Lemulier. — L. d'Espiennes. — G.-M. Myette, etc. — 61 pièces.

179. Girard (Marquis de). — D'Argenson. — Robert Secousse. — Fevret de St-Mesmin. — Tassin-Seurrat. De Mesgrigny, etc. — 50 pièces.

180. Bernard de La Vernette. — Champcenetz. — Coquereau. — De Cuzieu. — Odile. — Valory, etc. — 50 pièces.

181. Bronod. — Pihan de la Forest. — Le Veneur. — Gr. Laussat. — Du Bu de Longchamp. — P.-N. Vingtdeux, etc. — 50 pièces.

182. Corréard. — J.-Fr. du Resnel, abbé de Sept Fontaines. — Le Grand. — De Fabry d'Augé, etc. — 50 pièces.

183. Fleurieu (Chevalier de). — De Surbeck. — De Dompierre d'Hornoy. — M. les Comtes de Lyon, etc. — 50 pièces.

184. Collège des Godrands à Dijon, *par Roger*. — Duc d'Uzès. — Cottin de Fontaine, *par Guillaume*. — Ch. Michel de Roissy. — De Wall, Vicomte d'Anthinnes. — Abbé de Rothelin, etc. — 50 pièces.

185. Luzignem (comte de). — De Vaucresson. — Xaupi. — Lasalle de Villeauval. — Cardinal Maury. — Abbé de La Fare, etc. — 50 pièces.

186. Mirabeau. — De Cambon, évêque de Mirepoix. — Lallemand de Betz, etc. — 50 pièces.

187. Fortia (Comte de). — De Bullioud. — De Reynolds *par Strielbeck*. — J. de Janson, *par Vallet*. — Gougenot de Croissy. — Murat. — De Cusset, etc. — 50 pièces.

188. De Bourgongne, *par Roy*. — D. Margue. — De Cressia, *par Striedbeck*. — Richard de Ruffey, *par J.-B. Scotin*. — Potier de Gesvres. — D.-C. de Labastie. — Le Febvre du Grosriez, etc. 50 pièces.

189. Brunet (Antoine). — La Cropte de Bourzac, évêque de Noyon. — Mignot, abbé de Scellières. — F. Pigeau. — Comte de Mouthiers, etc. — 50 pièces.

190. D'Assenoy. — Desloges. — Desains. — Clermont. — Gallerande. — J.-B.-H. Bretin. — De Sartines. — Michau de Montaran, etc, 50 pièces.

191. Palissot d'Athies. — De Fenille. — D'Hyenville, *par Violle.* — De Brusset, 12 variantes. — De Roye de la Rochefoucault. — De Chavagnac, etc. 50 pièces.

192. Margue. — Jubert de Bouville. — Durey de Sauroy. — Duc de Montmorency. — Anonymes, etc. 50 pièces.

193. Poulletier. — M. de St-Pol. — Le Tour de Chessimont. — Collin. — J.-B Savoye. — L. Desforges, etc. — 50 pièces.

194. Gigot d'Orcy. — Baudelot de Roûvroy, par *Corlet.* — Dayniar. — Costard de Bursard. — De Polier. — De Bulion, etc. — 50 pièces.

195. De Verthamon. — Douglas. — Labouchère. — Caffarelli. — Conte, etc. — 50 pièces.

196. Le Peletier de Saint-Fargeau. — De Fay Mazuray. — Caumartin. — De Calonne. — Hugon de Bassville. D'Albon. — N. François de Neufchâteau. etc. — 50 pièces.

197. Warenghien de Flory. — Clary de St Angel. — Adorno de Tscharner. — N.-P. Ledru. — Séminaire d'Aix. — N. Lalaure. — La Croix-Chevrière. — De Brosses, *par Aveline.* etc. — 50 pièces.

198. Cl. Nic. Lalaure. — l'Abbé Gravé, Prieur de Fayl-Billot. — Vte de Canilliac. — Ch. Fr. de Sart de Premont. — Thierry de Villedavray, *par Colinet.* — Siraudin. — Leclerc. — Davous. — Dauguet, chanoine d'Avranches. — Guillebon. — F.-G.-P. La Montagne, prêtre. — D.-Jos. Canclaux. — le Cte de la Luzerne. — G.-N. Davollé, etc. — 52 pièces.

199. **Ex-libris Alsaciens** : Vay. *Gravé sur bois.* — Engelmann. — Adorno de Tscharner. — Pfaffenzeller. — Comte de Montjoye (*variante rare*), — 12 pièces.

200. **Ex-libris Alsaciens** : D. Stor. — l'abbé Grandidier. — G.-L.-S. Hoffmann, *Traiteur fecit.*, *1761.* — Ant. Jeanjean, *4 variantes.* — Rich. Brunck, *par Striedbeck.* — C.-F.-D. Comte de Waldner de Freundstein, etc., *2 variantes.* — I.-H.-F.-D. — Noblat. — Garnier. 2 *variantes.* — Herm. Halveren. - Ant. Ign. Muller. — Mes de Lassements. — Abbaye de Steïrtzelbron, etc. — 36 pièces, plusieurs doubles.

201. **Ex-libris Alsaciens :** Louis, *par Brichet.* — Klui glui. — Rosen, *par Strieddbeck.* — Hoffmann, *par Traiteur.* — Blessig, par *Wachsmut.* — Gobel, *4 variantes.* — Ebersmunster. — Feltz, de Wissembourg. (*plusieurs exemplaires*), etc. — 70 pièces.

202. **Ex-libris Alsaciens** modernes. — 100 pièces.

203. **Ex-libris gravés par C.-E. Thiery**. — 50 pièces, *plusieurs en épreuves d'état.*

204. **Ex-libris français du 19e siècle** : F. de Lesseps. — Musée Condé. — Francisque Michel, *par Boisselot.* — Monselet. — Poulet-Malassis, etc. — 200 pièces dont un certain nombre de 1820 à 1870.

205. **Ex-libris du XIXe siècle armoriés**. 107 pièces.

206. **Ex-libris du XIXe siècle**, gravés et lithographiés. 2.300 pièces. Ce numéro sera divisé en deux lots.

207. **Ex-libris modernes armoriés.** — Réunion de plus de 700 pièces.

208. **Ex-libris Modernes,** en noir et en couleurs, *par Bracquemond, A. Bouvenne, Adeline, Sylvestre, P. Boutet*, etc. — Réunion de 420 pièces.

209. **Ex-libris modernes** et contemporains. Réunion de plus de 1.200 pièces.

210. **Ex-libris modernes** et contemporains. — Réunion de plus de 1.100 pièces.

211. **Ex-libris divers, Réimpressions.** — 142 pièces.

212. **Réimpressions ou Copies d'Ex-libris anciens.** — Lot de environ 750 pièces.

212 *bis*. **Ex-libris imaginaires.** — 140 pièces.

213. **Ex-libris anciens en nombre** et ex-libris détériorés : Cte de Billy. — de Nicolay. — Fiévet, avocat. — Michau de Montarsan. — Chotek. — Cottin de Fontaine, etc. — Réunion de 195 pièces.

213 *bis*. **Ex-libris en nombre** : Vict. Alferii. *120 exemplaires*. — Bon de Caix de St-Aymour. *260 exemplaires*. — Bibl. de La Belle Fontaine. *500 exemplaires*. — Goislard de Monsabert. *270 exemplaires*. — La Csse des Courtils. *60 exemplaires*. — Cte F. de Lagrange. *50 exemplaires*. — Duc de Montpensier. *70 exemplaires*, etc. — Environ 1500 pièces.

214. **Ex-libris typographiques anciens** avec encadrement. 263 pièces.

214 *bis*. **Ex-libris typographiques.** — Collection de plus de 1600 pièces.

215. **Ex-libris allemands :** Ex Bibliotheca seren. Utriusq. Bavariæ Ducum, 1618. Deux variantes, in-4 et in-8.

216. — Mollarth (Ex libris Ferd. Ernesti Comitis à).

217. — Trew (Ex. Bibl. Christoph. Jac.), M. D. 2 variantes ; in-4 et in-8.

218. — Vok (Ex. Bibl., Ill. Principis Domini Dni Petri), Ursini, Domini Domus à Rosemberg, Ultimi et Senioris, et è Primatibus Bohemorum celsissmi et antiquis : anno christi 1609. *Sadeler fecit ; S. M. M*[tis], *sculp.* In-fol.

219. **Ex-libris allemands :** J.-L. Loëlius. — Maemmingen. — Imhof. — Reinhardt (intérieur de bibliothèque). — Lengnich. — Kress de Kressenstein. — Erhardi Riedlin. — Stolberk. — G. N. à Merz. — Teubern, etc. — 20 pièces.

220. **Ex-libris allemands :** Riedlin. — Furer von Haimendorf. — Kirchmayer. — Haeberlin. — Aicher. — Spanner. — Wilderi, etc. — 20 pièces.

221. **Ex-libris allemands :** Stocker. — De Furstenberg. — Holzschuher. — Nack, *par De Saint-Hilaire, 1759.* — Gronau. — F.-D. von Ditfurth. — G. Chr. Wilderi. — Bibl. Prieseriana, etc. — 21 pièces.

222. **Ex-libris allemands :** Chr. Baron de Wolckhenstain. In-4, gravé sur bois. — Zeller. — E.-L. de Danckelmann. — G.-M. Drexel. — Anton, *par Nathe.* — Kloster Thierhaupten. — J.-Ch. Harrer. — De Brandt. — Georges. — Lautherius. — C.-B. Lengnieh. — J. Michaelis à Loen. — Dietelmair. — Collège de Rothen-

buch. — Kloster Bildhausen. — **Lud. Reinholdus a Werner.** — F. Dieterich von Ditfurth. — **J.-G. Richter,** etc. — 29 pièces.

223. **Ex-libris allemands :** C.-A. Hammonius, ***gravé sur*** *bois, colorié.* — P. Vok de Rosenberg, *par G. Sadeler, 1609, in-fol.* — Heugel, *par Hans Sibmacher.* — Hoepfner. — Baumgartner. — B.-R. Fischer. — Borowski, *gravé sur bois.* — David Gridlænder, *par Chodowiecki,* etc. — 45 pièces.

224. **Ex-libris allemands :** Hommel. — Lengnich. — Von Schulz. — J.-N. Khol, 1645. — Ch. Baron de Wolckhenstain, 1594, *jolie pièce gravée sur bois,* in-4. — Melissi. — Imhoff de Spihlberg. — **Lengnichi** *par Geyser.* — De Salm-Kirburg. — Kress de Kressenstein. — Haeberlin. — J.-F. Thomassi. — Oelrichs. — Anonyme, *par Martin Tyroff,* etc. — **57 pièces.**

225. **Ex-libris Allemands anciens.** — **480** pièces environ. Ce numéro sera divisé en 6 lots de **80** pièces.

225 *bis.* **Ex-libris Allemands,** modernes Environ 3000 pièces. Ce numéro sera divisé en 3 lots de 1000 pièces environ.

226. **Ex-libris Anglais anciens.** — Réunion de 145 pièces.

227. **Ex-libris Anglais modernes.** Environ **1370 pièces.** — Ce numéro sera divisé en 2 lots de **675 pièces** environ.

228. **Ex-libris Italiens anciens :** Gio Andrea Guidotti in Luca, gravé par Hainzelmann. — **Franc. Pagani.** — Dr.-Jos. Moretti. — Calandrini. — **Vinc. Capponi.** — R.-D. Martini abbatis, 1782. — **Sim. Ballerini.** —

El Conde de Tepa. — Fr. Principis Ruspoli. — V.-J. de Bobus. — Phil. Apianus. — Jac^te^ Comte d'Envic. — J.-A. Campostrini. — Ant. e Lugi Marotta. — Domenico Aerres, negoziante di libri Napoli. — Monsr Gio. Bianchetto, etc. — 54 pièces.

228 *bis*. **Ex-libris Italiens anciens**. — 365 pièces.

229. **Ex-libris Italiens modernes**, gravés et lithographiés, noirs et coloriés. — 470 pièces.

230. **Ex-libris Pays-Bas** (Belgique et Hollande), anciens et modernes. — 250 pièces.

231. **Ex-libris Suisses** : D'Odent, curé d'Assens, *par P. Schueler*. — R. Gulich — Ch.-H. du Pasquier. — Bon de Chambrier. — And. Kummerer. — De Tourmes. — Murall. — Sprungeïn, *par Holzhall*. — A.-A.-L. Hollard. — J. Ch. Schereri. — Jacobus Christophorus episcopus Basiliensis, etc. — Quatorze pièces.

232. **Ex-libris Suisses** : J.-H. Teneri, par Wocher. — Dan. Meyeri Sangallensis. — Fischeri de Oberried. — Ch.-G. Schwarzii. — Bibl. Civica Vito durana. — Fr. Morell. — I.-G. Burckhard. — J. Kulmen de Borsette. — Lefort, par C. G. Geissler, etc. — Dix pièces.

233. **Ex-libris Suisses** : Gab. Cramer. — Fr. Rod. de Tavel. — Perrin. — de Polier. — Constant. — De Constant Rebecque. — Labat. — D. Lavater, etc. — 30 pièces, plusieurs doubles.

234. **Ex-libris Suisses** : Jos Freudenbergeri, par Dunker. — D. Lavater. — Ex. Bibl. Classis Neocum. — J.-L. Robillard, par Geissler. — Jacobus Christophorus, episcopus Basiliensis. — Th. Cazenove junior. — Colonel Constant, etc. — 30 pièces.

235. **Ex-libris suisses** : de Polier. — Fr.-C.-L.-B. ab Eberstein. — Cte de Courten, 1773. — J.-L. Robillard, *par Geissler*. — Jo. Freudenbergeri, *par Dunker*. — C.-S Jenner. — B. Lavater, etc. — 30 pièces.

236. **Ex-libris suisses.** Albr. Steiger. — Fr.-R. de Tavel. A.-A.-L. Hollard. — Albrecht von Mulinen. — J.-J. Waser. — P. Gaussen. — Frid. Cellarii. — De La Rive, etc. — 31 pièces.

237. **Ex-libris suisses,** modernes. — Réunion de 40 pièces.

238. **Ex-libris Etrangers.** (Pays-Bas, Russie, Pologne, Suède, etc.) : Prince de Galitzin. — Sophonias de Derichs, peintre suédois. — I.-H. de Chaillet d'Arnex. *2 variantes*. — Barth. Van den Kerckhove, 1775. — Moreau de Bellaing. — Joan. de Miranda. — Sobolevs kyana, 1821, etc. — Douze pièces.

239. **Ex-libris Etrangers** divers anciens et modernes. (Espagnols, Portugais, Russes, Polonais, Tchèques, Roumains, Suédois, etc.) — Environ 230 pièces.

240. **Armoiries.** Modèles d'un graveur du xviiie siècle, Brenet. — Collection de 3106 pièces montées. *Intéressante collection.*

241. **Armoiries** — Réunion de 90 pièces anciennes et modernes, en noir, coloriées et imp. en couleurs. Beau dossier.

242. **Armoiries anciennes.** — Réunion de environ 300 pièces. (Très beau lot).

243. **Armoiries** anciennes et modernes — Réunion de environ 1400 pièces.

244. **Armorial Corse**. Collection de 33 pièces originales des armoiries de la Noblesse de Corse, exécutées en couleurs, or et argent.

244 *bis*. **Ouvrages sur les Ex-Libris.** — Réunion de 6 vol. in-4, in-8 et in-12, brochés et cart.

Bouchot (H.). Les Ex-Libris et les marques de possession du Livre. *Paris*, *Rouveyre*, 1891, *figures*. — **Album** des Ex-Libris français, *Paris*, *Rouquette*, 1878 ; 24 planches in-8, cart. éd. — **The Studio**, n° de Noël, 1898-99 (consacré aux Ex-libris français et étrangers), *fig*. — **Labouchère** (Norna). Ladies Book-plates an illustrated handbook for Collectors and Book-lovers. *London*, *G. Bell*, 1895, petit in-8, *fig*., cart. éd. — **Verestchaguine** (V.). L'Ex-Libris Russe. *St-Pétersbourg*, 1902, gr. in-8, *fig*., bro., *couv*. — **Stattler** (I.). Ex-Libris. Album de 42 ex-libris en couleurs (6 en noir). In-4, dans un emboitage spécial.

245. **Plats de reliures armoriées**. — Environ 180 pièces.

246. **Cuivres originaux** d'Ex-libris, plaques de reliures, adresses, vignettes révolutionnaires, etc. — Vingt six pièces.

247. — Sous ce n°, il sera vendu quelques albums d'ex-libris.

www.ingramcontent.com/pod-product-compliance
Ingram Content Group UK Ltd.
Pitfield, Milton Keynes, MK11 3LW, UK
UKHW021956260726
13994UKWH00004B/1782